AF299150

II

LE PROGRAMME COOPÉRATISTE
et les Écoles Socialistes

Trois Leçons du Cours sur la Coopération

AU COLLÈGE DE FRANCE

Janvier 1924

PAR CHARLES GIDE

**ASSOCIATION
POUR L'ENSEIGNEMENT DE LA COOPÉRATION**

85, RUE CHARLOT, PARIS

ASSOCIATION

POUR L'ENSEIGNEMENT DE LA COOPÉRATION

Cours au Collège de France

COURS DE L'ANNÉE 1921-1922

I. — LE JUSTE PRIX PAR LA COOPÉRATION (7 brochures).   5 fr. 90

II. — FOURIER, PRÉCURSEUR DE LA COOPÉRATION (1 vol.).   8   »

COURS DE L'ANNÉE 1922-1923

III. — LE PROFIT DANS LES COOPÉRATIVES (8 brochures).   6   90

IV. — LES ASSOCIATIONS COOPÉRATIVES DE PRODUCTION
    (7 brochures).   7   »

LE PROGRAMME COOPÉRATISTE

et les Ecoles Socialistes

Après avoir mis en regard le programme coopératiste
et celui de l'école libérale, nous devons le confronter
avec celui de l'école socialiste. Seulement, à la différence de l'école libérale qui se présente dans une magnifique unité, l'école socialiste se décompose au contraire
en un grand nombre de variétés différentes. Nous pou-
vons toutefois simplifier cette revue en faisant une
coupure chronologique qui sépare le socialisme d'avant
Karl Marx et celui d'après Karl Marx. On peut dire, en
effet, que la parution du livre sur le Capital, en 1867,
a marqué dans l'histoire du socialisme une ère nouvelle.
Il y a le socialisme pré-marxiste et le socialisme
marxiste.

I

Le Socialisme pré-marxiste

Parlons d'abord du socialisme pré-marxiste : c'est
précisément sous son règne qu'est née l'école coopératiste.

Les dates des grands livres du socialisme pré-marxiste
sont à peu près celles-ci : 1822, *Système industriel* de
Saint-Simon; 1822, *L'Association domestique agricole* de
Fourier; 1840, *Qu'est-ce que la propriété*, de Proudhon;
1841, *L'Organisation du travail*, de Louis Blanc.

Or, les dates de naissance de la coopération coïncident
à peu près. Pour la coopération de consommation, c'est
en Angleterre, 1844, date de la création de la Société

des Pionniers de Rochdale; en France, 1835, date de la création de la Société du *Commerce Véridique*, à Lyon, mais qui ne fut qu'un bourgeon avorté; puis 1865, date à laquelle le mouvement fut déclenché définitivement. Quant à la coopération de production, les dates de naissance furent d'abord 1834, celle de l'Association de Buchez; puis 1848, celle de la grande poussée de la Révolution.

Mais elles sont toutes antérieures à l'avènement du socialisme marxiste. Car on sait que c'est en 1867 que parut *Le Capital*, et ce n'est qu'à partir de 1872 que ce livre fameux a été connu en France grâce à l'édition française revisée par l'auteur. Si donc la Coopération a reçu un baptême socialiste, elle n'a pu avoir pour parrains que des socialistes d'avant Marx.

Or, en dehors de l'Anglais Owen qui a tenu une assez grande place, on peut dire que tous les autres grands fondateurs du socialisme pré-marxiste ont été des Français.

Les autres pays le reconnaissent. Un socialiste allemand disait que quand bien même la France n'aurait d'autre titre de gloire que d'avoir donné le socialisme au monde, ce serait assez.

Elle ne lui a pas seulement donné la chose mais aussi le nom, car le mot « socialisme », qui devait avoir une si prodigieuse fortune et qui a passé dans tous les pays, en prenant la physionomie propre à chaque langue, ce mot a été créé en France, par Pierre Leroux, en 1832, dans une brochure qui porte ce titre tout à fait significatif : *De l'individualisme au socialisme*. Il le dit lui-même :

« C'est moi qui le premier me suis servi du mot socialisme. C'était un néologisme alors; un néologisme nécessaire. Je forgeai ce mot par opposition à individualisme. »

Il n'était pas mal forgé, en effet; il était forgé en bronze et a subi l'épreuve du temps, si bien qu'aujourd'hui on peut dire qu'il est définitivement acquis.

Entre parenthèses, Pierre Leroux a eu de la chance comme créateur de vocables, car c'est lui aussi qui le premier a écrit le mot « solidarité », qui a eu une non moins brillante fortune. Il est vrai que le mot de solidarité existait déjà dans la nomenclature juridique et cette solidarité là date même du droit romain; mais, comme exprimant une doctrine sociale, c'est bien par Pierre Leroux qu'il a été employé pour la première fois.

C'est donc sous l'invocation, si je puis dire, du socialisme de la première moitié du siècle dernier que le mouvement coopératif s'est formé; par conséquent, c'est son programme qu'il faut d'abord comparer avec celui du coopératisme.

Elles sont nombreuses les doctrines socialistes de la moitié du XIXᵉ siècle, et nous devons d'abord les distinguer.

Il y a le socialisme d'Owen, qui était un socialisme communiste mais pas du tout révolutionnaire. Owen était un riche industriel, très ami des grands de ce monde et qui a été en conversation avec tous les souverains de son temps. Il y a le socialisme de Saint-Simon, qui était aristocratique, mystique, religieux même, puisqu'il a fini par ce qu'on appelle la religion saint-simonienne. Il y a le socialisme de Fourier qui était idyllique et fantasmagorique. Il y a le socialisme de Pecqueur qui était déjà le collectivisme avant la lettre. Et il y a le socialisme de Proudhon, qui était libertaire et anarchique.

Ce n'est pas notre sujet que étudier l'histoire et les doctrines du socialisme de cette époque (1), nous avons simplement à chercher quels sont les caractères qui nous permettent de les mettre en parallèle avec le coopératisme.

§ 1. La réaction contre l'Ecole économique libérale

Or, malgré les différences de physionomie que je viens d'esquisser, ces doctrines ont un caractère commun qui se résume en un seul mot : réaction contre l'école économique libérale.

C'est tout naturel. C'est ce mouvement de pendule qui, dans l'histoire des doctrines, ramène tour à tour avec une régularité monotone, les théories opposées. Si vous vous reportez aux caractères essentiels de l'école économique libérale que nous avons résumés, vous comprendrez facilement que les premiers socialistes ont dû prendre le contre-pied.

____

(1) Voir Histoire des Doctrines Economiques, par Gide et Rist, 4ᵉ édition.

D'abord, ils ont protesté contre l'idée d'un Ordre Naturel, contre cette idée qu'il y aurait une sorte de puissance providentielle, dite la Concurrence, qui suffirait pour assurer non seulement la meilleure adaptation de la production aux besoins mais aussi une égalisation progressive des richesses, en faisant baisser le taux du profit et de l'intérêt en même temps qu'elle ferait monter le taux des salaires. Les socialistes ont protesté avec énergie. De même que la concurrence avait été une espèce de divinité pour l'école économique libérale, elle est devenue la bête noire des socialistes de cette école. Louis Blanc, dans son livre *L'Organisation du Travail*, disait :

« Prouvons que la concurrence :

1° est pour le peuple un système d'extermination;

2° est pour la bourgeoisie même une cause d'appauvrissement et de ruine. »

Je vous laisse à penser comme ces déclarations ont été accueillies par l'école libérale qui était à ce moment-là au sommet de sa puissance! Dans le *Dictionnaire d'Economie politique*, publié en 1854, qui a été pendant un demi-siècle le bréviaire de la science économique, un des économistes dirigeants de l'époque, Coquelin, répond en ces termes :

« Le principe de la concurrence est trop grand, trop saint, trop élevé au-dessus des atteintes des pygmées pour qu'il soit nécessaire de le défendre. On ne défend pas le soleil, quoiqu'il brûle parfois la terre; on ne défend pas non plus la concurrence qui est au monde industriel ce que le soleil est au monde physique. »

Ces arguments-là n'ont pas du tout désarmé les socialistes qui ont continué à faire feu de toutes pièces contre la concurrence : gaspillage de richesses, falsification des produits, chômage des ouvriers, spéculation des profiteurs, écrasement du faible par le fort, tels sont les méfaits qu'ils lui ont imputés.

Le second caractère commun des socialismes de cette époque, qui n'est que la conséquence de celui que je viens d'indiquer, c'est la nécessité de l'organisation. En effet, si on ne croit plus à une organisation naturelle automatique, qui serait la libre concurrence, il faut bien en trouver une autre. Il faut donc créer une organisation du travail et de la production, et c'est ce que recherchent tous les socialistes de cette époque. Le Système Industriel des Saint-Simoniens, le Phalanstère de Fourier, l'Organisation du Travail de Louis Blanc, sont autant de phases de cette recherche d'une organisation.

Tout naturellement cette organisation se présente à eux sous la forme de l'association. Il est difficile, en effet, de concevoir une organisation autrement, mais l'association peut revêtir beaucoup de formes. La cité de New Harmony qu'Owen avait été construire en Amérique, la République d'Icarie que Cabet alla fonder au Texas; la Phalange et les Séries passionnées de Fourier, les ateliers nationaux de Louis Blanc, tout cela sont des plans d'organisation sociale qui s'opposent au laisser faire de l'école économique classique.

Il n'y a eu qu'un socialiste, un des plus grands, il est vrai, Prudhon, qui ne goûtait pas beaucoup l'association; il importe de le noter ici. Il la redoutait même parce que, comme je l'ai dit tout à l'heure, il était individualiste et que toute association implique, je ne dirai pas un affaiblissement mais un certain sacrifice de l'individualité. Proudhon écrivait : « L'association est-elle une puissance économique? Je réponds, quant à moi, catégoriquement, non!... L'association est de sa nature stérile, nuisible même, car elle est une entrave à la liberté du travailleur. » Voilà le langage d'un vrai fils des hommes de la Révolution, de ceux qui avaient aboli le droit d'association.

Et en ce qui concerne celles de ces associations qui nous intéressent plus spécialement, les associations coopératives de son temps, il disait :

« On s'associe pour l'économie de consommer, afin d'éviter le préjudice de la vente au détail pour ceux qui n'ont pas les moyens d'acheter en gros. Mais cette espèce d'association témoigne contre le principe. »

Il veut dire que cette association pour économiser sur le prix de vente ne peut se justifier que par la mauvaise organisation du commerce actuel, mais qu'elle serait inutile si le commerce était organisé sur le pied d'une grande production, et que par conséquent l'association coopérative dans ce domaine ne peut être qu'un pis-aller.

Un troisième caractère commun à ces écoles, c'est d'avoir perdu le respect de la propriété individuelle qui était la base même de tous les enseignements de l'Economie politique classique.

Tous les grands économistes qui se sont succédé pendant la première moitié du siècle dernier et qui ont créé la science économique, ont accepté la propriété individuelle comme un fait donné qui ne se discute pas. Ils ne perdent pas leur temps à l'établir. Ce serait pour eux du temps perdu que celui employé à prouver la légitimité du droit de propriété; ils se bornent donc à rechercher comment, étant donné le régime de la propriété individuelle, les revenus se distribuent par les lois de la rente, des profits, des salaires, etc.

Or les socialistes dont nous parlons n'ont pas accepté ce caractère tabou de la propriété individuelle. Toutefois, ils n'ont pas pris vis-à-vis d'elle l'attitude révolutionnaire des socialistes de nos jours; même le seul d'entre eux qui ait pris le titre de communiste, Owen, ne voulait pas de l'expropriation des propriétaires existants; il voulait bien créer un socialisme communiste pour l'avenir mais sans toucher à la propriété acquise.

Quant aux autres socialistes dont j'ai indiqué les noms, ils ont déclaré tous qu'ils n'étaient pas communistes. Sans doute, l'école de Saint-Simon a terriblement porté atteinte à la propriété individuelle en l'amputant de ses deux caractères essentiels que sont la permanence et l'hérédité. La propriété saint-simonienne n'est qu'une propriété viagère qui ne comporte pas la transmission héréditaire; ce n'est qu'une sorte de possession, semblable à celle, disent-ils, du capitaine qui peut se considérer simon comme propriétaire de son vaisseau, du moins, suivant la formule, comme maître à son bord. Cependant, les Saint-Simoniens ont déclaré qu'ils n'étaient pas communistes.

Les autres ont été plus énergiques dans leurs déclarations. Fourier, que l'opinion publique de tout temps a considéré comme un communiste, à cause de son Phalanstère, disait, en parlant des Saint-Simoniens:

« Ce sont des monstruosités à faire hausser les épaules que de prêcher, au xixe siècle, l'abolition de la propriété et de l'hérédité. »

Quant à Proudhon, il criait : « Loin de moi, communistes, votre présence m'est une puanteur et votre vue me dégoûte! »

Elles nous paraîtraient donc bénignes, aujourd'hui, les atteintes que les socialistes de cette époque ont portées à la propriété! Et pourtant, au temps où ils vivaient, elles paraissaient hardies et elles ont beaucoup plus effrayé les contemporains que le socialisme le plus rouge n'effraie aujourd'hui les bourgeois. Nous en trouvons des traces amusantes dans les caricatures du temps, qui nous montrent les socialistes d'alors, Fourier, Proudhon, Cabet, sous des figures effrayantes de démons, avec des griffes, avec des queues, qui ne diffèrent guère de celle que nous avons vue récemment, la fameuse image du bolcheviste avec le couteau entre les dents. On peut même dire, si vous permettez cette parenthèse, que c'est à cette frayeur du socialisme qu'est dû le plébiscite qui a ramené le Second Empire. Beaucoup de libéraux de l'époque ont voté pour Napoléon III uniquement par peur du socialisme. Et si l'on considère que la restauration de l'Empire en France a amené la guerre franco-allemande de 1870 et, par une série de répercussions certaines quoique lointaines, la guerre de 1914 et le bouleversement actuel de l'Europe, on s'émerveillera de ce singulier enchaînement de causes et d'effets.

Pourtant ces socialistes, s'ils acceptaient le principe de la propriété individuelle, lui faisaient subir d'assez graves modifications. C'étaient, ou bien pour les plus avancés comme les Saint-Simoniens, je viens de le dire, la suppression de l'hérédité; ou bien, pour Fourier, la mobilisation de toute la propriété foncière sous la forme, alors moins familière qu'aujourd'hui, d'actions; c'était presque une conception capitaliste.

La conception de Proudhon semble, à première vue, bien plus radicale, puisque vous connaissez tous le mot fameux de Proudhon qui, plus que toutes les doctrines, eut pour effet de terroriser la bourgeoisie: « la propriété, c'est le vol. » Mais Proudhon n'a jamais pris cette phrase au sérieux; il l'a dit lui-même: « c'est un coup de pistolet que j'ai tiré pour faire peur. » En effet, la propriété qui apparaît à Proudhon comme un vol c'est seulement celle qui consiste à disposer du travail d'autrui sous la forme de fermages, de rentes, d'intérêts, de dividendes, de profits; c'est le droit de se faire un revenu avec le travail d'autrui; semblable, dit Proudhon, à ces droits de péage que prélevaient les barons d'autrefois sur les marchands qui traversaient leur territoire ou passaient devant leur château. Mais quant à la propriété de l'individu sur les fruits de son travail, et non seulement sur les fruits mais sur les instruments de son travail — par exemple, celle du paysan sur sa terre — celle-ci, pour Proudhon, est sacrée.

L'amputation que Proudhon fait subir à la propriété individuelle ce n'est donc pas, comme Saint-Simon, celle de l'hérédité, c'est celle de ces attributs seigneuriaux de la propriété qui sont le fermage, l'intérêt, le profit.

Un quatrième caractère du socialisme de cette époque c'est de rechercher un principe de répartition distributive de la richesse. C'est là une préoccupation qui était tout à fait étrangère aux économistes de l'école classique, car, suivant la formule que Jean-Baptiste Say a inscrite comme titre de son livre fameux: « Exposition de la manière dont *se* produisent et *se* distribuent les richesses », la répartition des richesses leur apparaissait comme un mécanisme automatique.

Mais si l'on ne croit pas à cette idée d'une distribution naturelle des richesses et qu'on juge, au contraire, artificielle et détestable la répartition actuelle des fortunes, nécessairement se pose cette question: Comment faut-il les distribuer? Alors il faut bien trouver un principe de justice distributive.

En fait de justice, les économistes n'en cherchaient pas d'autre que ce qu'on appelle la justice commutative, c'est-à-dire celle qui résulte de l'échange, de l'équivalence des valeurs; l'Economie politique ne demande pas d'autre justice que celle de la balance du marchand.

Au contraire, les socialistes de cette époque croient à une autre justice, celle qui attribue à chacun ce qui lui revient (*cuique suum*). Seulement, il faut alors un juge et il faut fournir à ce juge un critère, un principe de justice.

Chacune des écoles socialistes propose le sien. Saint-Simon dit : A chacun selon ses capacités, selon ses mérites, selon ses œuvres. Louis Blanc dit : A chacun selon ses besoins. Et les autres disent — c'est la formule qui, à peu près seule, est restée : A chacun selon son travail. Et encore cette dernière formule est-elle susceptible de deux acceptions bien différentes, suivant que l'on entend par là « à chacun selon la peine qu'il a prise, selon le nombre d'heures de travail qu'il a fournies » ; ou bien « à chacun selon les résultats de son travail, selon la valeur qu'il a créée ».

Les écoles socialistes se trouvent engagées là dans une voie qui sort de l'économie politique proprement dite et entre dans le domaine de la morale et de la politique.

Enfin, le dernier caractère commun aux différentes écoles socialistes que j'indiquerai, c'est de mettre sur le premier plan l'intérêt du producteur. C'est là encore une réaction contre l'école économique classique. J'ai dit, en effet, que l'école économique classique, à commencer par le plus typique de ses représentants, Bastiat, disait qu'il faut toujours se placer au point de vue du consommateur: l'abondance, le bon marché, voilà qui intéresse le consommateur, c'est-à-dire tout le monde.

Les socialistes se placent à un point de vue différent. Ils disent: De deux choses l'une: ou le consommateur est en même temps un producteur et, dans ce cas, il n'y a pas lieu d'en faire une catégorie à part; ou c'est un oisif et, dans ce cas, il n'est nullement intéressant; ce n'est plus qu'un parasite. La distinction qui s'impose ce n'est donc point celle entre le producteur et le consommateur, mais bien celle entre le travailleur-producteur et l'oisif. C'est bien celle-là que Saint-Simon a mise sur le premier plan.

Dès lors, tous leurs plans d'organisation sociale sont tracés au point de vue du producteur.

Je dis : au point de vue du producteur, je ne dis pas : au point de vue de l'ouvrier, du travailleur manuel, ni encore moins du « prolétaire », selon le mot à la mode aujourd'hui. Pas du tout! Aucun des socialistes dont je viens de parler, pas même celui qui s'en rapprochait le plus, Proudhon, qui était un ouvrier imprimeur, n'a voulu faire du socialisme ouvrier.

Ils ne connaissaient pas ces qualificatifs qui reviennent aujourd'hui, à tout propos, dans le vocabulaire socialiste, les bourgeois et les prolétaires.

Ils n'ont pas connu, ou ils n'ont pas voulu voir la séparation de « classes », et moins encore la lutte de classes, ces thèses qui ont pris une si grande importance dans le socialisme marxiste.

Le socialisme pré-marxiste était un socialisme pour tout le monde. J'ai cité souvent ce mot de Fourier : nous voulons un monde où tout le monde soit heureux. même les riches.

C'est seulement avec le marxisme que le socialisme deviendra un socialisme ouvrier, et c'est même ce qui fera sa puissance.

§ 2. Les caractères communs au Coopératisme et au socialisme pré-marxiste.

Etant donnés ces caractères de l'école socialiste pré-marxiste, quels sont ceux que le coopératisme s'est appropriés? quels sont ceux qu'il a rejetés?

Le coopératisme a d'abord ceci de commun avec le socialisme pré-marxiste de n'être pas révolutionnaire; il n'a demandé, à aucune époque, l'expropriation des classes possédantes et des capitaux déjà appropriés. Ce qu'il veut c'est créer de nouveaux capitaux en quantité suffisante pour dispenser de recourir aux capitaux anciens et pour que ceux-ci se flétrissent, inutiles, entre les mains des possédants. Mais ce résultat, ils l'attendent des lois économiques de la concurrence elle-même et sans aucun acte de dépossession violente. Le coopératisme a conservé le caractère, j'oserais presque dire aimable, du socialisme français d'avant 1848.

Comme les socialistes dont je viens de parler, le coopératisme ne croit pas qu'une société puisse arriver à l'état désirable si elle ne réagit pas contre la nature des choses par une organisation raisonnée, réfléchie, lentement mûrie et perfectionnée au fur et à mesure des expérimentations, des déceptions et des succès. Et, plus encore qu'aux socialistes dont je viens de parler, cette organisation lui apparaît sous la forme de l'association.

Pour les coopératistes, cette association peut revêtir des formes assez diverses qui répondent d'ailleurs à des programmes différents du coopératisme, car quoique je n'en ai indiqué qu'un, je dois faire remarquer qu'il y en a plusieurs, et nous les verrons plus tard. Cette association se présente, pour le coopératisme, soit sous la

forme la plus grandiose par son immense développement, l'association des consommateurs; — soit sous la
forme qui a été la première, en France tout au moins,
l'association coopérative de production, celle des travailleurs qui veulent s'émanciper du salariat; — soit l'association coopérative de crédit, c'est-à-dire l'association
de propriétaires grands ou petits, généralement petits,
qui s'associent pour produire en commun, ou pour vendre en commun, ou pour cultiver en commun, ou pour
acheter en commun ce qui est nécessaire à la culture:
cette dernière forme d'association s'est développée d'une
façon prodigieuse dans tous les pays, particulièrement
dans l'Europe orientale. Citons enfin l'association coopérative d'habitation, qui peut rentrer dans les sociétés
coopératives de consommation, puisque l'habitation est
en réalité une des formes de la consommation.

Par cette foi dans l'organisation et dans l'association,
les coopératives se rattachent donc directement aux
socialistes dont je viens de parler, et plus particulièrement à trois d'entre eux, Owen, Fourier, Louis Blanc;
parce que ceux-ci ont donné à leur conception sociale,
d'une façon spéciale, la forme d'association coopérative.

Le coopératisme retient encore, des doctrines que je
viens de résumer, celle, très importante, de la modification du droit de propriété dans le sens proudhonien:
c'est-à-dire qu'il ne demande pas, comme je viens de le
dire, la suppression de la propriété déjà acquise, mais
il demande la modification de la propriété future;
c'est-à-dire qu'il admet la propriété individuelle mais en
la dépouillant de cet attribut qui consiste à s'approprier
un profit par le travail d'autrui.

Et déjà les capitaux, les milliards de capitaux, créés
par les coopératives du monde entier, sous forme d'actions, sont des capitaux qui ne touchent pas de profits.
Pourtant, à la différence de Proudhon, les sociétés coopératives admettent généralement la légitimité de l'intérêt comme prix de location d'un instrument indispensable du travail.

Par là, le capital coopératif répond aux desiderata de
Proudhon et il répond même à un programme beaucoup
plus avancé, à celui que les communistes russes ont
inscrit dans leur Constitution et qui refuse le droit de
vote à « quiconque tire un profit du travail d'autrui ».

Nous allons voir que dans les sociétés coopératives russes, cette condition est imposée même pour l'admission des sociétaires.

On voit donc que le coopératisme se rapproche beaucoup du socialisme français du siècle dernier; il s'en rapproche si bien qu'on peut dire même qu'il en est aujourd'ui la plus fidèle expression, quoique les successeurs de ces socialistes, qui se sont constitués en parti indépendant (le P. S. F.), ne reconnaissent pas volontiers cette filiation.

§ 3. En quoi le Coopératisme se sépare du Socialisme pré-marxiste

Cependant, le coopératisme se distingue du socialisme pré-marxiste par certains caractères assez accentués.

D'abord il s'en distingue par l'abandon de tout plan de reconstitution intégrale de la société. Le socialisme du siècle dernier a été raillé par les marxistes sous le nom de socialisme utopiste, épithète d'ailleurs injuste mais qui peut, dans une certaine mesure, se justifier par l'ambition de reconstruire de toutes pièces une société nouvelle. Or, le coopératisme, lui, ne pourra pas encourir ce qualificatif d'utopiste, car, au contraire, il a pour caractéristique de commencer par ce qu'il y a de plus pratique dans l'ordre économique, par le commerce, et non point par n'importe quel commerce mais par le commerce d'épicerie. Certes, il n'y a rien de moins utopique au monde qu'un magasin d'épicerie! C'est pourtant là le berceau, la crèche, du Coopératisme.

Et il est resté fidèle à cette humble origine en ce sens que, contrairement aux intentions qu'on lui a prêtées souvent, il n'a pas de projets de « palingénésie », pas de visions d'Apocalypse, pas de secousses révolutionnaires pour mettre tout sens dessus-dessous, pas de branle-bas. Non. Son plan c'est de constituer dans le vaste monde de tout petits mondes, des microcosmes, qui sont les sociétés coopératives de consommation, de production, de crédit, dans lesquelles on réalisera sur une très petite échelle, mais très exactement, le programme que je viens d'indiquer, jusqu'à ce que, en effet — cette ambition n'est pas interdite — se multipliant et se rapprochant les uns des autres, ces petits îlots disséminés sur la vaste mer capitaliste, deviendront archipels, puis continents.

Mais cela c'est l'avenir. Pour le moment et depuis qu'il existe, le programme coopératiste marche sur le terrain le plus solide de la pratique commerciale; il s'applique à être *business*, comme disent les Anglais, une affaire, une affaire qu'il faut mener avec l'esprit des affaires. Dans la dernière campagne électorale, un des leaders du parti radical-socialiste, M. Painlevé, disait du programme de son parti qu'il était « un idéalisme réalisateur »; à bien plus juste titre pourrions-nous le dire du programme coopératiste.

Enfin voici un dernier caractère qui sépare le coopératisme du socialisme de la première moitié du dernier siècle et qui le rapproche au contraire de l'école économique libérale. C'est que, de même que les économistes, il pense que c'est au point de vue du consommateur qu'il faut se placer parce que les intérêts des consommateurs sont ceux de tout le monde. L'intérêt du consommateur est le seul qui ait le droit de s'appeler l'intérêt public, tandis que les intérêts des producteurs, qu'ils soient travailleurs manuels, intellectuels ou même capitalistes, si méritoires qu'ils puissent être d'ailleurs, ne seront jamais que des intérêts corporatifs, des égoïsmes collectifs. La célèbre phrase de Proudhon que « toute association est une coalition contre l'intérêt public », est parfaitement vérifiée pour toute association de production mais non pas celle de consommation, car on ne peut dire de celle-ci qu'elle est une coalition contre l'intérêt public puisqu'elle représente l'intérêt public lui-même.
Je n'ai pas besoin de dire que sur ce dernier point nous sommes loin d'avoir cause gagnée, et que nombreux aujourd'hui, et même de plus en plus nombreux, sont ceux qui reprennent la thèse socialiste et syndicaliste du gouvernement des travailleurs.

Un groupe d'industriels et de publicistes, nullement socialistes, avait fondé, il y a trois ou quatre ans, une grande Revue qui avait repris précisément le titre de la revue Saint-Simonienne *Le Producteur*, afin de mieux affirmer que c'est l'intérêt du producteur qui doit dominer; et même que, dans l'ordre politique aussi, c'est aux professionnels que doit appartenir le gouvernement.

II

Le Socialisme marxiste

Parlons maintenant du marxisme, puisqu'on peut dire que c'est lui qui, depuis cinquante ans, a remplacé tous les socialismes antérieurs.

Cependant, l'impérialisme de cette doctrine ne s'est pas établi tout de suite en France. C'est en 1879, au Congrès du Parti Ouvrier, à Marseille, que pour la première fois la motion collectiviste fut adoptée, sur la proposition de Jules Guesde. Mais les nombreux partis socialistes qui existaient encore en France, les proudhoniens, les blanquistes, les fouriéristes, les anarchistes, n'avaient pas voulu abdiquer — jusqu'au jour, en 1905, où à un congrès resté célèbre, celui d'Amsterdam, tous ces partis socialistes se rallièrent et fusionnèrent pour former ce qu'on a appelé depuis le Parti Socialiste Unifié Français (devenu aujourd'hui le S. F. I. O. (Section Française de l'Internationale Ouvrière).

Ce fut surtout sous l'influence de Jaurès qui cependant, par ses idées, par ses inspirations, se rattachait plutôt à l'ancien socialisme français mais qui crut, par esprit de discipline, devoir donner l'exemple. Il se rallia donc à l'ordre du jour présenté par Jules Guesde, le représentant du marxisme, et ainsi fut formé le parti socialiste unifié, sur ce triple principe :

Lutte de classes;

Socialisation des moyens de production;

Internationalisme.

Cependant, l'adhésion ne fut pas unanime et il resta encore quelques socialistes français qui ne voulurent pas se rallier au parti socialiste unifié, restant fidèles aux doctrines dont j'ai parlé précédemment. L'année suivante, ils constituèrent un parti qui s'appelle le Parti Socialiste Français (P. S. F.), dont un des principaux membres est professeur au Collège de France, M. Georges Renard. Ce parti possède à la Chambre un certain nombre de membres, mais comme école il ne représente que de faibles effectifs.

§ 1. **Caractères du Socialisme marxiste**

Je n'ai pas la prétention de faire ici l'exposé du marxisme; il faudrait pour cela tout le cours de cette année, sans épuiser la matière, mais, comme nous l'avons fait pour le socialisme pré-marxiste, nous nous bornerons à rechercher en quoi les doctrines du Coopératisme se distinguent de celles du marxisme.

Indiquons d'abord les caractères distinctifs du socialisme marxiste par opposition à l'ancien socialisme français, qu'il qualifie d'utopiste.

1° Pas de programme dans le marxisme. Il est absurde, dit-il, en matière sociale, de tracer un plan et de marquer d'avance le but vers lequel on tend; c'est anti-scientifique. Le socialisme n'est que l'aboutissant nécessaire d'une évolution dont il n'y a qu'à constater et à comprendre la marche.

A ce point de vue, le socialisme marxiste ressemble tout à fait à l'école classique des économistes dont nous avons parlé dans une des précédentes leçons, avec cette différence pourtant que tandis que, dans la doctrine de l'école économique libérale, ces lois naturelles et cette évolution fatale doivent conduire à la meilleure société possible, à l'égalisation des richesses, au plus grand bien de tous — au contraire dans la doctrine marxiste, cette même évolution doit conduire peu à peu à la prolétarisation de la classe encore indépendante et à la concentration des richesses, la richesse s'accumulant à l'un des deux pôles et la misère à l'autre, jusqu'au jour où, par rupture d'équilibre, le monde se retournera.

On peut donc dire que l'une et l'autre ont la même foi dans l'évolution économique, avec cette différence que l'une la voit tout en rose et l'autre tout en noir.

La seconde différence avec l'ancien socialisme français et qui n'est qu'une conséquence de celle que je viens d'indiquer c'est d'écarter absolument toutes les préoccupations de justice distributive, telles que « à chacun selon ses besoins », ou « à chacun selon ses mérites », ou « à chacun selon son travail ».

Toutes ces préoccupations qui ont rempli tous les livres des socialistes du siècle dernier, de Saint-Simon, de Fourier, de Cabet, de Louis Blanc, de Proudhon, elle n'y voit que de l'idéologie ou, comme disait un de ses disciples, Engels, des marottes, ou comme l'a dit encore plus irrévérencieusement un des gendres de Karl Marx, Lafargue, des blagues bourgeoises. Tout cela doit être mis au panier; il n'y a qu'à tâcher de comprendre la marche de l'évolution et à pousser dans le même sens.

Reste alors à savoir quel est ce sens de l'évolution économique qui doit conduire, bon gré, mal gré, au collectivisme?

Cette évolution est déterminée par les conditions de la production, on pourrait presque dire, par la technique de chaque époque.

Il y a eu une économie spéciale pour l'homme à l'âge de pierre, quand il n'avait pour instrument que la pierre taillée ou polie; il y a une économie pour l'homme d'aujourd'hui qui a pour instruments la machine à vapeur et la dynamo.

« Le mode de production de la vie matérielle détermine d'une façon générale le progrès social, politique et intellectuel de la vie. »

C'est ce qu'on appelle d'un nom célèbre la théorie du matérialisme historique.

Ce sont de belles pages que celles où K. Marx dessine cette évolution. On voit, sous la pression de l'augmentation de la population, sous l'aiguillon des inventions successives de la science qui permettent l'emploi des forces naturelles, on voit la grande industrie éliminer peu à peu la petite, faire disparaître successivement tous les producteurs autonomes, tous ceux qui possédaient leurs instruments de production et qui y trouvaient l'indépendance. L'un après l'autre, ils tombent dans le salariat, ce qui veut dire qu'ils perdent la propriété de leurs instruments de production, pour ne plus attendre leur gagne-pain que du louage de leurs bras, ou, comme dit Marx, « de la vente de leur force de travail ».

C'est ainsi que l'évolution nous montre d'un côté la grande production et la grande industrie créant des capitalistes de plus en plus riches et de l'autre des prolétaires de plus en plus nombreux, en sorte que cette évolution se présente, dans la doctrine marxiste, sous la forme d'une expropriation progressive et illimitée des petits par les gros. Mais le jour doit venir où nécessairement le sens de l'évolution s'intervertira, le jour où, par une hypothèse que je pousse à outrance pour mieux illustrer la thèse, il n'y aurait, par exemple, en France, qu'un seul possédant, un seul capitaliste concentrant entre ses mains tous les instruments de production, et au-dessous de lui les 39 millions de Français réduits à la condition de prolétaires, de salariés. Alors l'évolution se trouvant à fin de course, ne pourrait pas aller plus loin et, puisque ce possédant unique aurait exproprié toute la nation, il n'y aurait plus qu'à l'exproprier lui-même!

L'expropriation finale ne sera donc que la restitution à la masse d'une série de petites expropriations séculaires accumulées au profit d'une minorité.

Un quatrième caractère du socialisme marxiste le différencie du socialisme pré-marxiste: c'est la foi dans la nécessité de la révolution.

Voici à cet égard une courte citation :

« Le communisme proclame hautement que ce but ne peut être atteint sans le renversement violent de tout l'ordre social actuel. Que la classe régnante tremble à l'idée d'une révolution socialiste : les prolétaires n'ont rien à y perdre, hormis leurs chaînes; ils ont un monde à y gagner. »

Cette déclaration de guerre célèbre ne se trouve pas dans le livre *Le Capital*, mais dans le Manifeste Communiste qui parut en 1849 et dans lequel, d'ailleurs, se trouve admirablement formulée toute la doctrine marxiste.

Mais ici se pose une question embarrassante: A quoi bon la Révolution, puisque tout doit s'accomplir par une espèce d'évolution fatale que la classe capitaliste ne pourra pas empêcher? Il semble qu'il n'y ait qu'à se conformer à la maxime de l'école libérale, qu'à « laisser faire »: la socialisation viendra d'elle-même. Pourquoi alors la compliquer d'une révolution violente?

Parce que, répondent les marxistes, dans l'évolution même naturelle rien n'aboutit sans une révolution. Elle se retrouve dans toutes les évolutions naturelles. La géologie enregistre à chaque âge du globe terrestre des révolutions : période glaciaire, ou éruptive; toute naissance est une révolution, car le petit poussin est obligé de crever sa coquille à coups de bec pour venir au monde. Sans doute, il faut attendre que le fruit soit

mûr; mais quand le fruit est mûr il ne tombe guère de
l'arbre avant que le vent ou la main de l'homme ne
l'ait secoué. C'est cette petite secousse qui est indispensable pour mettre le point final à l'évolution et qui
s'appelle la Révolution.

Un autre caractère, déjà inclus dans ce que je viens
d'indiquer, c'est celui exprimé par un mot dont on
est las à force de l'entendre répéter : la lutte de classes.
En effet, cette expropriation progressive des petits par
les gros, qui doit continuer jusqu'au jour où les expro-
priateurs seront à leur tour expropriés, implique nécessairement une lutte continue entre les capitalistes qui dé-
fendent leurs biens et les prolétaires. C'est cette idée de
la lutte de classe qui est au fond de la doctrine marxiste
et qui, d'après elle, est la seule explication possible de
toute l'histoire, non pas seulement de l'histoire économique mais de toute l'histoire sociale, politique, intellec-
tuelle, voire religieuse.

Pour terminer cet exposé sommaire qui n'a d'autre but
que de faciliter la comparaison avec l'école coopératiste,
signalons la fameuse doctrine de la plus-value. D'après
Karl Marx, toute valeur est, je ne dirai pas seulement le
produit du travail, mais le travail lui-même, le travail
accumulé, incorporé, cristallisé, dans tout produit. Ce
qu'un produit contient de travail constitue sa valeur;
il n'y en a pas d'autre. Il ne faut pas comparer le tra-
vail-valeur à la vache qui produit du lait, mais plutôt
au charbon qui, brûlant, produit la force et la chaleur.
Le travail, en se dépensant, produit la valeur.
Si l'ouvrier gardait pour lui la totalité de la valeur
qu'il a produite, alors il n'y aurait plus de plus-value,
il n'y aurait plus de lutte de classe; il n'y aurait plus
de socialistes. Tel est le cas pour le petit paysan, tel
est le cas de l'artisan.
Mais, sous le régime du salariat, l'ouvrier ne garde
rien pour lui de la valeur produite par son travail. Cette
valeur, en vertu du contrat même de salaire, appartient
au capitaliste. Le contrat de salaire, c'est un contrat par
lequel un capitaliste dit à un travailleur : Toute la
valeur créée par votre travail (ou plutôt tout votre travail converti en valeur) sera ma propriété et je la gar-
derai pour moi. Mais, comme de juste, je vous paierai
un certain prix qui s'appelle le salaire.

Le salaire sera payé; seulement il n'a pas de rapport nécessaire avec la valeur créée par le travail de l'ouvrier. Le salaire se règle sur une toute autre base; il se règle sur les besoins du travailleur. Or, les besoins du travailleur représentent une valeur qui est toujours inférieure à la valeur créée par son travail. Il y a donc entre la valeur que représente l'entretien de l'ouvrier et la valeur qui représente le travail de ce même ouvrier, une différence. Cette différence c'est ce qu'on appelle la plus-value; c'est ce que vous pouvez nommer aussi, si cette dénomination vous paraît plus claire, le profit, mais en notant que le profit n'est pas tout à fait la même chose que la plus-value marxiste; mais quelque nom qu'on lui donne, c'est cette différence que le patron retient pour lui et qui fait sa fortune.

On pourrait ajouter, comme trait final du marxisme, le caractère international qui, sans doute, peut appartenir à n'importe quelle doctrine, mais cependant il est particulièrement revendiqué par le marxisme.

Le manifeste, dont je vous ai lu tout à l'heure un passage, se termine par ces mots :

« Prolétaires de tous les pays, unissez-vous! »

Cela veut dire que l'évolution capitaliste et la lutte de classe étant plus ou moins les mêmes, à des degrés différents, dans tous les pays, les prolétaires de tous les pays ont le même intérêt à s'unir contre le capitalisme. Et même il sera difficile que la Révolution triomphe dans un pays si elle échoue dans les autres.

Le marxisme, après avoir régné en tant que doctrine depuis un demi-siècle, semblait sur le point de se réaliser en fait, en s'imposant comme gouvernement au plus grand pays d'Europe, la Russie, sous la forme d'une République, ou plutôt d'une fédération de Républiques, dirigées uniquement par des marxistes et prêts à réaliser leur doctrine par la dictature. Et pourtant, c'est précisément à ce moment propice où il se trouve à son apogée, que le marxisme semble en voie de déclin. Il a paru, il y a peu de temps un ouvrage qui porte ce nom significatif : « Délivrons-nous du marxisme »; il est cependant d'un socialiste, M. Deslinières. Et un éminent professeur à la Sorbonne, socialisant aussi, M. Andler, a écrit : « le système de Marx est imposant, mais il est périmé. ».

A ce revirement, on peut trouver différentes raisons. En ce qui concerne la France, il y en a peut-être une que j'hésite à indiquer tant elle est stupide (et qui en tout cas n'est pas celle de M. Andler) : c'est parce que le marxisme est allemand.

Oh! Karl Marx n'était guère allemand; il a passé presque toute sa vie à Londres, et c'est à Londres, dans les milieux anglais, qu'il a écrit ses livres et qu'il a pris toute sa documentation économique. En réalité, Karl Marx appartient à l'école économique anglaise; Ricardo a été son maître; il le dit lui-même. Mais enfin, sinon Karl Marx, tout au moins ses disciples, appartiennent au socialisme allemand.

L'origine des doctrines a une certaine influence sur leur succès et leur propagande: de même que dans le commerce et l'industrie, la victoire est la plus efficace des réclames. Il n'est pas invraisemblable que la défaite de la France en 1870 et la victoire de l'Allemagne n'aient contribué au succès de la doctrine marxiste sur le socialisme français.

Et s'il en a été ainsi en 1870, il est assez naturel que l'inverse se soit produit du jour où l'Allemagne a été battue et la France victorieuse.

Une autre raison plus sérieuse de ce discrédit est d'ordre scientifique : c'est que les soixante-dix années écoulées depuis la naissance de la doctrine marxiste ne paraissent pas avoir confirmé cette loi d'évolution dont je viens de vous donner une esquisse.

On pourrait dire : C'est peu de choses dans l'histoire que soixante-dix ans! Ce serait peu de choses, en effet, si les marxistes et Karl Marx lui-même n'avaient pas eu l'imprudence de dire que les temps étaient proches où l'on verrait se réaliser l'expropriation finale.

Or, non seulement elle ne s'est pas réalisée, mais il ne semble pas qu'elle se rapproche. Ainsi l'expropriation annoncée des petits producteurs, tout particulièrement dans le domaine de la production agricole, ne se réalise pas du tout. Le nombre des paysans n'a pas diminué depuis le Manifeste communiste. Non seulement ils n'ont pas été mangés, mais, au contraire, dans les pays de l'Europe orientale et centrale ce sont les petits propriétaires qui se partagent les grands domaines et dont le nombre augmente énormément. Il est vrai que ce n'est pas par une évolution spontanée que cette révolu-

tion agraire est en train de se réaliser, mais par l'inter-
vention du législateur, en Lettonie, Roumanie, Grèce,
Tchécoslovaquie, sans parler de la Russie. Ainsi l'Europe
entière marche vers le régime de la petite propriété.

Même dans le domaine de l'industrie, malgré la formation de quelques fortunes colossales, on ne voit pas
non plus que cette loi de concentration nous rapproche de
ce jour que j'évoquais tout à l'heure, où un seul mons-
trueux capitaliste aura absorbé tout le commerce et
toute l'industrie du monde.

Et surtout on ne voit nulle part cette paupérisation
croissante de la classe ouvrière qui était un des caractères essentiels de l'évolution marxiste. Rien n'annonce que
la population soit en train de descendre les degrés d'une
misère croissante jusqu'au jour où elle sera acculée à
la révolution par l'excès de cette misère. Il y a de la
misère, c'est entendu, mais moins qu'autrefois, et on ne
voit pas que les salariés aient une situation décrois-
sante. Au contraire, il est évident que leur condition
s'améliore, non seulement comme salaire nominal, c'est
trop évident pour qu'on le discute, mais même comme
salaire réel: sans doute la dépréciation des monnaies en
ces derniers temps a pu aggraver leur situation, mais
bien moins que celle des rentiers.

Et même l'exemple de la Russie qui, au premier abord,
pouvait sembler comme un argument éclatant pour la
confirmation de la doctrine marxiste, se retourne plutôt
contre elle.

En effet, d'après la thèse marxiste, de tous les pays de
l'Europe c'était la Russie qui devait la dernière en venir
à la réalisation du marxisme, par cette raison que c'était
le pays où le capitalisme était le plus loin de cet état
de maturité où une secousse devait suffire à le renverser.
Si l'on pense que dans la doctrine de Karl Marx la socialisation du capital et des instruments de production doit
être préparée et lentement mûrie par la formation de la
grande industrie, par la constitution d'un capital puis-
sant, ces conditions-là se trouvaient déjà réalisées en
Angleterre et en Allemagne mais pas du tout en Russie.

En sorte que de deux choses l'une : ou la révolution
bolcheviste échouera, comme beaucoup le pensent, et
sera obligée de céder la place au capitalisme renaissant
auquel elle revient déjà dans une certaine mesure; —
ou, au contraire, comme j'incline plutôt à le croire, elle

s'installera définitivement, mais par là elle infligera un démenti à la doctrine de l'évolution marxiste.

§ 2. Concordances et oppositions entre la doctrine marxiste et la doctrine coopératiste

Voyons maintenant en quoi le coopératisme est intéressé dans la doctrine marxiste et ce qu'il peut en retenir.

Dans la leçon précédente, je disais que le programme coopératiste présente beaucoup de parenté, presque une filiation avec le vieux socialisme français. Il y a aussi certains caractères communs au coopératisme et au marxisme.

D'abord l'internationalisme.

Je disais que, pour les consommateurs, il n'y a pas de classes; de même, pour les consommateurs, il n'y a pas de frontières. Il n'y a pas d'internationalistes et de pacifistes plus sincères que les coopérateurs de tous les pays.

Le coopératisme peut admettre aussi la socialisation des instruments de production, puisque c'est précisément ce qu'elle fait. Tous ces millions de capitaux qui sont aujourd'hui sous la forme de magasins coopératifs, en Angleterre, les centaines de fabriques de la Wholesale et les milliers d'hectares de terre qu'elle possède en Angleterre et dans les colonies, en Russie, les entrepôts immenses, magasins des Centrosoyus, tout cela ce sont des instruments de production socialisés.

Dira-t-on qu'ils appartiennent à des organisations privées et non à l'Etat ou aux municipalités? Qu'importe? Ils ne sont plus sous le régime capitaliste. Ils sont si bien socialisés que la Révolution bolcheviste, quand elle a supprimé toute entreprise capitaliste, a respecté les entreprises coopératives et même essayé d'en faire des instruments.

On peut dire encore que le Coopératisme accepte et met en principe la doctrine de la plus-value, cette doctrine fondamentale du marxisme. Seulement, il en change la base et le caractère, car tandis que la plus-value marxiste c'est celle que prélève le patron capitaliste sur le travailleur, la plus-value coopératiste est celle prélevée par le vendeur sur le consommateur : c'est la majoration du juste prix déterminée par la demande.

Si la doctrine marxiste avait découvert quelque système qui permît de restituer aux travailleurs, aux ouvriers, toute cette plus-value qui lui a été dérobée par le patron, « la grande iniquité sociale », comme dit K. Marx, serait abolie.

Eh bien, la société coopérative a créé ce mécanisme: la plus-value prélevée sur l'ouvrier lui est restituée, non plus, il est vrai, en tant que travailleur, mais en tant que consommateur. Qu'importe? Si la coopération embrassait tout le monde économique, les deux modes de restitution seraient équivalents et cette « iniquité » serait abolie.

Mais voici maintenant les divergences, qui sont beaucoup plus nombreuses et plus importantes que les ressemblances.

La coopération est, au fond, individualiste, car elle suppose l'action continuelle, incessante, d'initiatives individuelles ayant un but devant les yeux et y marchant avec une volonté obstinée. Chaque société coopérative, et il y en a quelque chose comme 100.000 dans le monde, a pour moteur un homme qui la guide après l'avoir créée, qui la fait vivre, qui la dirige et qui entraîne les traînards et les sceptiques en leur montrant sans cesse le chemin.

Le professeur Totomiantz, dans un livre qui vient de paraître, dit: « il y a de l'héroïsme dans le mouvement coopératif. » Le mot paraît singulier, appliqué à des petits fondateurs ou directeurs d'épiceries; il est pourtant vrai. Il y a des héros parmi eux, si l'on entend par là des individualités qui mettent au service d'une cause leur temps, leur bonne volonté, une partie de leur vie. Or voilà qui est bien différent du matérialisme économique. Je ne veux pas dire que le socialisme marxiste révolutionnaire n'ait aussi ses héros: il en a eu beaucoup et qui, assurément, ont fait plus grande figure sur la scène que les petits héros des sociétés coopératives. Mais les héros révolutionnaires marxistes croient obéir à une poussée, à une évolution qui les domine, tandis que dans le coopératisme ce sont, au contraire, ces bonnes volontés qui font et dirigent l'évolution.

Il est vrai que par là les coopératistes peuvent mériter le qualificatif, que le marxisme jette comme une injure au socialisme français, d'être « idéologiste ». Mais ce n'est pas tout à fait juste. Il n'est pas idéologiste, il est idéaliste, ce qui n'est pas la même chose.

L'idéologie, au sens injurieux de ce mot, c'est quand on fonde un système sur une abstraction ou sur une imagination; l'idéalisme, c'est quand on aspire à réaliser une idée par l'action. Sans sortir d'une boutique d'épicerie, on peut viser au sublime.

C'est ce que Emerson avait voulu dire dans ce mot fameux: « attelle ta charrette à une étoile ». La charrette à bras où les Pionniers de Rochdale voiturèrent le maigre approvisionnement de leur premier magasin, ce n'était pas de l'idéologie, c'était de la pratique; mais en même temps ils regardaient l'étoile et c'était de l'idéalisme.

Une autre différence essentielle, c'est la question de lutte de classes. Nous ne nions pas que la lutte de classes n'existe en fait; nous ne discutons pas la question de savoir si elle est un bien ou un mal; nous disons seulement que la coopération n'a pas à s'en occuper. Ce n'es[t] pas son affaire. Comment la coopération, surtout cette forme spéciale de la coopération qui est la coopérative de consommation, pourrait-elle inscrire dans son programme, sans se mettre en contradiction avec son propre titre, le principe de la lutte de classe? Que les syndicats, que le parti politique ouvrier, prennent pour mot d'ordre la lutte de classe, cela se comprend. Mais du moment qu'une société coopérative est faite pour les consommateurs, elle ne peut exclure personne. Il n'y a pas de classes dans la consommation; il y a des différences dans la quantité ou la qualité consommée, mais non dans les droits des consommateurs.

§ 3. Historique des relations entre le Marxisme et le Coopératisme

Karl Marx ne s'est pas occupé de la coopération. Il a donc montré vis-à-vis d'elle non de l'hostilité mais une complète indifférence, exactement comme les économistes de l'école libérale. Il faut dire, d'ailleurs, qu'à l'époque où il écrivait, la coopération n'avait pas pris encore un grand essor, même en Angleterre.

Mais les successeurs de Karl Marx ont connu d'un peu plus près le mouvement coopératiste, parce qu'il commençait alors à grandir, et ils en ont parlé, mais en termes plutôt méprisants.

C'est ainsi que Bebel, marxiste allemand, disait, en parlant des coopératives :

« Nous n'attachons pas grande valeur du tout aux avantages que les coopératives de consommation procurent à leurs membres, car nous estimons qu'ils n'ont aucune importance vis-à-vis des grandes transformations qu'il faut pour affranchir la classe ouvrière du salariat actuel... »

Un autre aussi, tenant à peu près le même langage, disait, à un Congrès de l'Internationale, à Genève, que « les magasins coopératifs effleurent à peine la surface de l'ordre économique présent... ».

Ainsi les marxistes, au début, ne voyaient dans la coopération qu'une variété de ce qu'on appelle le réformisme, ce que les révolutionnaires, aujourd'hui encore, ont tout particulièrement en horreur, c'est-à-dire un appât pour détourner la classe ouvrière de ses revendications. Elle devait servir à améliorer le coût de la vie, à seule fin de sauver la mise de la classe bourgeoise. Guesde, je crois, disait que les coopérateurs demandent à la classe ouvrière de vendre son droit d'aînesse pour un plat de lentilles. Et il faut avouer que cette appréciation était assez justifiée par le rôle que les économistes d'alors assignaient à la coopération; un mode d'épargne destiné à faciliter aux ouvriers l'accès de la propriété.

Mais cependant, dans les dernières années du siècle précédent, ce point de vue du socialisme a changé, et, en regardant de plus près à la coopération, ou du moins au néo-coopératisme, comme on l'appelle, les socialistes marxistes ont reconnu que la coopération pourrait être utile au socialisme révolutionnaire par bien des raisons.

D'abord parce que les socialistes révolutionnaires ont senti la nécessité de faire un socialisme reconstructeur, et non pas seulement démolisseur, un socialisme qui, au lendemain de la Révolution, si celle-ci devait réussir, voudrait ne pas laisser que des ruines et se mettre immédiatement à l'œuvre, parce que le temps passerait, dès le lendemain, pour reconstruire l'édifice social. Et pour préparer cette œuvre de reconstruction, il faut faire l'éducation économique de la classe ouvrière : or, ce ne sont pas les partis politiques, ni même des syndicats, lesquels sont les uns et les autres des organes de lutte, qui suffiraient à cette tâche. Il fallait chercher, parmi les organisations ouvrières, celles qui avaient un caractère constructif.

Eh bien! il n'y en a qu'une qui ait ce caractère constructif : c'est la coopération qui organise des entreprises commerciales et des entreprises industrielles, et même des entreprises agricoles, quand elle peut. Car enfin, le jour où les capitalistes auront été exilés, déportés, fusillés, il faudra bien les remplacer, et il faudra donc trouver dans la classe prolétarienne des personnes qui aient quelque habitude du maniement des capitaux, quelque connaissance du commerce, des changes, de la production, de la comptabilité (1).

Or, la coopérative de consommation peut donner à ses millions d'adhérents des connaissances d'économie politique, beaucoup à ceux qui sont administrateurs, un peu même à ceux qui sont simplement des clients. Il y a donc là une école de vie et de pratique économique dont ils ont reconnu eux-mêmes qu'ils ne pourraient se passer au lendemain du Grand Soir.

Puis, en regardant de plus près, ils ont trouvé à la

---

(1) Nous nous permettons de citer une page d'une de nos conférences, d'ancienne date, du 14 mai 1889 (*L'Avenir de la Coopération* dans le volume *Coopération*).

« Supposons, si vous voulez, que la Révolution sociale soit faite dès demain. La sanglante journée est terminée et elle a réussi : la bourgeoisie a été supprimée en tant que classe; la propriété individuelle a été abolie; le sol, sous-sol, usines, machines, magasins, chemins de fer, banques et encaisse de banque, tout est entre les mains du peuple; vous vous êtes couchés dans les lits des bourgeois, et des rêves dorés y ont bercé votre sommeil... Et après? Ces fermes, ces usines, ces chemins de fer, ces banques, ces magasins il faut les faire marcher. Il s'agit de remettre en mouvement tout cet immense appareil économique qui, s'il venait à s'arrêter un seul jour, entraînerait la mort du corps social... Et ne dites pas que cela se fera petit à petit, que vous prendrez votre temps, que vous ferez votre apprentissage. Non, non, les exigences de la vie sociale ne vous accorderont pas un jour, pas une minute! C'est sur l'heure qu'il vous faudra prendre la direction économique et en assumer la responsabilité, sinon la Société périra, ou plutôt non, elle ne périra pas, mais, dans un spasme d'agonie, elle rejettera l'ordre de choses nouveau qui l'étouffe, et reprendra son ancienne vie... Les socialistes révolutionnaires pourront être vainqueurs dans cent batailles, s'ils ne sont pas en mesure de remplacer sur l'heure les propriétaires, capitalistes, entrepreneurs, commerçants par des hommes tirés de leur sein, tout cela ne servira de rien et tout sera à recommencer ».

Ce sont là des prévisions qui sont devenues aujourd'hui assez banales mais, trente ans avant la Révolution bolcheviste, elles ne l'étaient pas encore.

coopération d'autres avantages, un peu plus terre à terre, mais tout de même pas à dédaigner.

Celle-ci permet d'abord de trouver des fonds, de l'argent. Remarquez que les autres organisations, socialistes ou révolutionnaires, coûtent au lieu de rapporter; elles demandent des sacrifices à leurs membres. Les syndicats ne peuvent vivre qu'avec des cotisations, et des cotisations considérables, si on veut obtenir quelque résultat. Le parti socialiste lui-même ne peut faire quelque chose qu'avec de l'argent; il faut bien qu'il y ait une caisse pour les élections, pour la propagande, pour les conférences.

En sorte que toutes ces organisations de combat sont des organisations nécessairement onéreuses, et voici qu'on a la chance de trouver une organisation qui, celle-là, au lieu de coûter, rapporte! une organisation qui, au lieu de demander des cotisations, donne des bénéfices, des bonis, bénéfices qui se chiffrent, là où la coopération est suffisamment développée, par des millions. Il serait absurde de dédaigner de telles organisations; il faut les utiliser afin de procurer des ressources au Parti; il faut demander à ces sociétés coopératives d'employer leurs bénéfices et leurs bonis à la campagne socialiste.

Un troisième avantage, du même ordre à peu près que le précédent, c'est pour le cas de grève. Vous savez combien de grèves ont échoué et combien de fois les ouvriers ont dû capituler faute d'avoir de quoi manger. Pendant un certain temps, les commerçants de la localité leur fournissent à crédit, mais cela ne peut pas durer toujours, et quand la grève a duré quelques semaines, quelques mois, l'épicier, le boulanger, le boucher, coupent les vivres. Alors, il ne reste à l'ouvrier qu'à capituler et à reprendre le harnais, tandis que les sociétés coopératives de consommation pourraient être utilisées comme greniers d'abondance pour les périodes de grève. On installe généralement, en temps de grève, ce qu'on appelle des « soupes communistes », où l'on distribue des aliments aux grévistes et à leurs familles pour leur faire prendre patience; mais ce n'est qu'un palliatif, tandis que dans les grands magasins des coopératives, il y a un stock énorme de marchandises, d'aliments, de toute nature. Il y aurait là des réserves pour des milliers d'hommes. Les sociétés coopératives de consommation pourraient servir ainsi d'intendance pour la guerre sociale, jouant le rôle de l'Intendance militaire dans la guerre.

Ces considérations ont touché les socialistes, et on a vu peu à peu alors le socialisme renoncer à son attitude intransigeante vis-à-vis du coopératisme et lui tendre la main.

Ce rapprochement entre le marxisme et le coopératisme a toute une histoire, dont je ne puis qu'indiquer les principales dates.

On peut dire que les premiers qui ont commencé ce sont les Belges. Les socialistes belges ont créé, il y a déjà quarante ans, des sociétés coopératives, surtout de consommation, en s'inspirant précisément des idées que je viens d'indiquer, c'est-à-dire en les mettant au service des syndicats et du parti socialiste. En Belgique, depuis quarante ans, syndicalisme, parti socialiste politique et coopératives, tout cela ne fait qu'un; on peut dire même que c'est la coopération qui a créé le parti socialiste en Belgique.

Plus tard, dans les Congrès socialistes internationaux, on a reconnu la valeur de la coopération. Notamment, au Congrès socialiste international de Copenhague, en 1910. Il est intéressant de rapprocher les dates. Je vous ai cité le Congrès socialiste de Marseille en 1879, où, sous l'inspiration de Jules Guesde, disciple de Marx, la coopération fut absolument écartée comme solution pour être remplacée par le collectivisme. Eh bien! trente ans plus tard, au Congrès socialiste international de Copenhague, voici l'ordre du jour qui a été voté. Après avoir rendu hommage aux avantages, non seulement matériels, mais moraux que la coopération a procurés aux travailleurs, la résolution se termine ainsi :

« Que la classe ouvrière, dans sa lutte contre le capitalisme, a le plus grand intérêt à ce que les syndicats, les coopératives et le parti socialiste, tout en conservant leur autonomie et leur unité propre, soient unis par des relations tous les jours plus intimes. »

Et surtout cette réconciliation entre le socialisme révolutionnaire et le coopératisme a été confirmée de la façon la plus éclatante par le grand successeur de Karl Marx qui vient de mourir, par Lénine. Ce dictateur, qui se donnait comme le plus pur représentant du marxisme, a glorifié, le mot n'est pas exagéré, la coopération comme indispensable au succès et à la vie même de la nouvelle société communiste.

Voici quelques lignes d'un article qui n'est pas ancien, il a un an, je crois; il a paru dans le grand journal la *Pravda*, organe du socialisme russe :

« Chez nous — en Russie — du moment que le pouvoir politique est entre les mains de la classe ouvrière, la seule tâche qui nous reste à accomplir est d'attirer la population à la coopération.

« Nos camarades ne se rendent pas compte de l'importance immense, incommensurable, qu'acquiert pour nous l'extension de la coopération en Russie. Par la nouvelle politique nous avons fait une concession aux paysans comme marchands.

« Chez nous, on considère parfois la coopération avec dédain; on ne comprend pas l'importance exceptionnelle qu'a cette coopération, tout d'abord au point de vue principal : la possession des moyens de production par l'Etat, et ensuite, au point de vue du passage à un nouvel ordre de choses.

« En somme, il ne nous reste qu'une chose à faire : rendre notre peuple russe assez civilisé pour qu'il comprenne tous les avantages de la participation générale à la coopération. »

Voilà un témoignage éclatant, et non pas seulement un témoignage mais des faits, puisque la vie économique de la Russie soviétique se trouve en grande partie organisée sous la forme coopérative.

Faut-il donc voir là une réconciliation et célébrer un mariage entre le socialisme et la coopération?

Assurément non!

Si la plupart des socialistes, même marxistes, acceptent aujourd'hui la coopération, la réciproque n'est pas vraie; il n'y a qu'un petit nombre de coopérateurs qui aient accepté l'idée de mettre la coopération au service du parti socialiste et moins encore du communisme de Moscou, mais l'immense majorité est restée fidèle au programme des Pionniers de Rochdale.

En conséquence, un schisme dans le mouvement coopératif s'est effectué en certains pays et il est à l'état de menace çà et là.

En France, il y a eu une première scission, il y a déjà trente ans. En 1895, le mouvement coopératiste

français était encore jeune, puisqu'on peut dire que ce
n'est guère que de 1885, de son premier Congrès, que date
sa naissance, ou tout au moins son réveil; or, dès dix
ans après, les socialistes se détachèrent de l'Union Coopérative pour constituer une organisation distincte sous
le nom bizarre de « Bourse Coopérative Socialiste » et
suivre un programme dont je parlerai tout à l'heure.
Pendant dix-sept ans, de 1895 à 1912, j'en ai gardé des
souvenirs personnels, il y a eu une polémique continuelle
entre les sociétés coopératives rouges et les sociétés coopératives qu'on appelait dédaigneusement neutres, bourgeoises ou même jaunes, mais dont le véritable nom
devait être coopératives « libres », ou « ouvertes », ou
« autonomes », celles restées fidèles au programme de
Rochdale et de Nîmes.

Cependant, au prix de grands efforts de part et d'autre, ce schisme prit fin, et en 1912 on finit par obtenir
une fusion entre les deux groupements par l'adoption
du programme dont j'ai donné le texte dans la première
leçon et qui a été jugé par beaucoup comme faisant
trop de concessions au programme collectiviste.

Par ce Pacte d'Unité, comme on l'a nommé, fut consti-
tuée « la Fédération Nationale des Sociétés coopératives
de Consommation ».

Mais à la suite de la guerre, et sous l'influence des
événements de Russie, de nouveau s'est formé, au sein
de la Fédération Coopérative Nationale, un noyau d'opposition rouge, de coopératistes révolutionnaires, qui,
dans chacun de nos Congrès nationaux, présentent des
résolutions pour demander que le programme coopératiste soit transformé dans le sens socialiste. Il n'a obtenu
jusqu'à présent qu'une infime minorité. Au dernier
Congrès de Bordeaux, par exemple, 350 voix contre en-
viron 5.000. Mais, néanmoins, il y a là un mouvement
qui doit attirer l'attention, d'autant plus que s'il n'en-
globe qu'une petite minorité en France, il tient une
grande place dans d'autres pays, non seulement en
Russie, mais, dans une certaine mesure, en Belgique,
et aussi naguère en Italie, du moins jusqu'à l'année
dernière où le mouvement coopératiste socialiste a été
balayé par le fascisme.

Nous voici donc en présence non plus d'*un* mais de
deux programmes coopératistes.

§ 4. Les Coopératives socialistes

Voyons donc ce qui caractérise les coopératives socialistes.

D'abord, c'est qu'elles sont liées au « Parti », ce qu'on appelle dans tous les pays le Parti, c'est-à-dire le parti politique, celui qui a des représentants au Parlement, que ce soit le parti socialiste unifié, ou le parti communiste. La coopération socialiste croit qu'elle ne pourra réaliser le programme coopératiste par ses propres moyens mais seulement en faisant cause commune avec le Parti, parce que, dit-elle, une transformation sociale est impossible sans l'emploi des moyens politiques.

Jamais, dit-elle — et ici nous croyons entendre à nouveau toutes les railleries de l'école économique libérale contre les ambitions enfantines du coopératisme — jamais le coopératisme, par le seul effet de la multiplication de ses sociétés, ne pourra arriver à supplanter le régime capitaliste, à s'emparer du commerce, de l'industrie, de la terre. C'est l'action politique seulement qui pourra assurer le développement intégral de la coopération elle-même en faisant table rase devant elle.

Telle est bien, en effet, la pensée de Lénine dans l'article dont je vous ai lu tout à l'heure quelques lignes. S'il exalte ainsi la coopération c'est sous une condition qui se trouve formulée précisément dans les dernières lignes de l'article :

« Lorsque existe la propriété publique des moyens de production, lorsque le prolétaire a vaincu, comme classe, la bourgeoisie, alors le régime des coopérateurs civilisés est le régime du socialisme. »

Donc, cette coopération est subordonnée par lui à cette condition préalable d'une action politique et révolutionnaire.

On exprime souvent la même idée en termes un peu différents.

On dit : Pour les coopératistes réformistes, bourgeois, de l'école de Rochdale ou de l'école de Nîmes, la coopération est une *fin* en soi : elle se suffit à elle-même. Inutile de viser plus haut et plus loin. Pour les socialistes, la coopération n'est qu'un *moyen* d'arriver à cette fin qui est le renversement de la société actuelle, par une société nouvelle.

Une deuxième différence c'est que la coopération socialiste est généralement une coopération fermée. Quand elle est tout à fait fermée, elle n'admet que des adhérents au parti socialiste, c'est-à-dire ceux qui sont inscrits sur les listes du Parti et paient leurs cotisations au Parti. Mais cette intransigeance est assez rare, et elle se contente généralement, comme condition d'admission, que les sociétaires soient des travailleurs, non pas nécessairement des travailleurs manuels mais aussi des travailleurs intellectuels. Les coopératives russes ont adopté pour leur recrutement la même règle que celle inscrite dans la constitution des Soviets pour le corps politique : le droit de vote est refusé à quiconque « tire un profit du travail d'autrui ». Donc, pas de bourgeois, pas de rentiers, pas de patrons, pas de marchands, personne de ceux qui vivent autrement que par leur travail personnel.

Voici un autre caractère qui n'a qu'un intérêt pratique mais ne laisse pas que d'avoir une grande importance. La coopération socialiste veut abolir le système de la répartition individuelle des bonis aux sociétaires. Tout le monde sait aujourd'hui que les sociétés coopératives de consommation répartissent entre leurs membres les bénéfices qu'elles font à la fin de l'année, non pas au prorata des actions, comme le font toutes les sociétés capitalistes, mais au prorata des achats faits par ces membres.

Eh bien! les coopérateurs socialistes disent que c'est là une survivance bourgeoise, que c'est cultiver dans l'esprit des coopérateurs une mentalité capitaliste par l'attente de dividendes. On a beau dire que ce ne sont pas des profits, en ce sens qu'ils ne sont pas attribués au capital-actions, qu'ils ne sont qu'un remboursement des trop-perçus, une ristourne, comme nous disons en France, néanmoins, aux yeux des sociétaires, ce sont bien des profits et les Anglais n'hésitent pas à les appeler franchement, cyniquement, des dividendes, familièrement les *divi*.

Le socialisme révolutionnaire dit que si l'on veut

faire l'éducation de la classe ouvrière, on ne doit pas marcher ainsi dans l'ornière de la société capitaliste.

Enfin si les coopérateurs socialistes reconnaissent comme leur propre livre les points principaux du programme coopératiste — à savoir, la socialisation du commerce, l'élimination du profit, et même la préoccupation du juste prix — ils n'admettent pas du tout que le consommateur devienne désormais le centre et le roi du monde économique : c'est pour le travailleur, le salarié, le prolétaire, qu'ils combattent et c'est à lui, unique créateur de la richesse, qu'ils entendent attribuer le pouvoir. La République russe a pour emblème la serpe et le marteau, qui sont les instruments du travail, et non une cuiller et une assiette, qui devraient être les armes d'une République de consommateurs.

Dernièrement, le Président du Conseil général de la Seine, M. Brunet, qui est un coopératiste pratiquant depuis longtemps, disait dans un discours :

« La coopération de production et la coopération de consommation constituent un programme complet de l'organisation du travail et de la répartition des richesses. »

Mais le journal *Le Populaire*, l'organe d'un parti socialiste ouvrier, répondit immédiatement avec indignation :

« Ce programme complet de l'organisation du travail et de la répartition des richesses par la coopération, cela n'est plus de notre âge. S'il fallait attendre la solution du problème social de l'expropriation du capitalisme par les autorités coopératives de consommation, il nous faudrait attendre l'an 5.000. »

On pourrait demander au socialiste qui fait cette objection s'il est bien sûr que son programme à lui sera réalisé avant l'an 5.000? La coopération peut, du moins, faire valoir cette supériorité sur tous les autres programmes, collectivistes ou marxistes, que c'est elle qui peut montrer à son actif le plus grand nombre de réalisations déjà effectuées, et sur la plus grande échelle.

La question de la date des réalisations intégrales doit donc être écartée, mais je reconnais qu'il n'est pas facile d'écarter un autre argument du parti socialiste contre le programme attribuant le pouvoir économique aux consommateurs : c'est que sous un tel régime le travailleur restera un salarié, puisqu'il restera au service du consommateur.

C'est là, en effet, le principal écueil du mouvement coopératiste, c'est le problème du salariat.

J'y reviendrai à la fin de ce cours, mais je puis dire dès maintenant que la coopération peut le résoudre dans une certaine mesure, car qu'est-ce qui caractérise le salariat? Le salariat, ce n'est pas le fait de recevoir une somme fixe d'argent en paiement de son travail ou de ses services, car alors, tout homme, même celui exerçant ce qu'on appelle une « profession indépendante », avocat, médecin, artiste, serait un salarié. Il ne se considère pourtant pas comme tel. Pourquoi? Parce qu'il n'a pas de patron, il n'a pas de maître. Ce qui caractérise le salariat ce n'est pas de toucher à la fin de la quinzaine le prix de son travail, c'est de sentir que le travail qu'on fait n'a d'autre résultat que de rapporter un profit à un autre, qu'on l'appelle patron, entrepreneur, propriétaire agricole, peu importe.

Si donc le coopératisme réussit à constituer un monde dans lequel le profit aurait été éliminé, et dans lequel par conséquent les ouvriers et employés au service des entreprises coopératives sauraient que le produit de leur travail ne sert pas à produire des profits, ni à enrichir personne — pas même la société pour laquelle ils travaillent, puisque cette société restitue la plus grande partie, sinon la totalité, des bénéfices à ceux qui les lui ont procuré par leurs achats — alors les travailleurs cesseront de se considérer comme des salariés. Seulement, il s'agit de leur donner ce sentiment, et c'est là ce qui est difficile. La solution de la question du salariat est beaucoup plus d'ordre psychologique que d'ordre économique. Le jour où on aura un régime quelconque dans lequel les ouvriers auront conscience qu'ils travaillent pour tous et par conséquent aussi pour eux-mêmes, ce jour-là, alors même qu'ils ne seraient pas mieux payés qu'aujourd'hui, ils cesseront d'être salariés parce qu'ils ne croiront plus l'être.

§ 5. Oppositions entre l'École de Rochdale et celle de Moscou

Je viens d'indiquer les caractères spécifiques du coopératisme rouge. Reste à dire pourquoi les coopératistes de l'école de Rochdale et de l'école de Nîmes ne les admettent pas.

D'abord la question politique. Nos coopératives n'admettent pas la liaison avec le parti politique. Pourquoi? Parce que cette union des coopératistes avec un parti politique provoquera inévitablement la division dans le mouvement coopératiste et entraînera nécessairement autant d'organisations différentes, de programme différents qu'il y a de partis. Il est évident que si, en France, notre Fédération Nationale des Coopératives de consommation faisait cause commune, dans les élections politiques, avec l'un des partis qui se livrent bataille, par exemple, avec le parti communiste, immédiatement les sociétés coopératives seraient abandonnées par tous ceux de leurs membres qui appartiennent à d'autres partis, ou qui simplement ont d'autres opinions politiques. Or, il y a de nombreux partis en France! conservateurs, radicaux-socialistes, démocrates, — vous avez vu aux récentes élections jusqu'à sept ou huit listes concurrentes — alors ce serait la débandade générale. Au contraire, en restant fidèles au pacte d'unité qui a été signé en 1912, avec promesse qu'on ne ferait pas d'alliance avec un parti politique, que la coopération resterait — non pas neutre, c'est un mot déplaisant mais libre de toutes attaches et vivant de sa propre vie — la coopération pourra garder tous ses membres et trouver éventuellement des appuis aussi bien dans les partis de droite que de gauche.

Les coopérateurs ne font pas en ceci autrement que les syndicalistes. Ceux-ci, tout au moins ceux de la C. G. T. ont aussi déclaré qu'ils ne voulaient avoir aucun lien avec les partis politiques et que l'admission à un syndicat n'était subordonnée à aucune espèce d'opinions politique ou religieuse. Cette revendication des coopératistes a été, d'ailleurs, acceptée par une autorité que les socialistes ne peuvent pas récuser, par le Congrès

socialiste international de Copenhague de 1910, car tout
en déclarant que :

« La classe ouvrière a le plus grand intérêt à ce que
les syndicats, les coopératives et le parti socialiste soient
unis par des relations tous les jours plus intimes, » il
a inséré cette réserve : « tout en conservant leur autonomie et leur unité propre. »

Et il semble bien que les faits aient donné raison à
cette ligne de conduite, car dans tous les pays où la
coopération a pris une couleur politique, si elle a pu
gagner peut-être plus de vitalité, elle n'a rallié
qu'une bien moindre proportion de la population. Si
vous regardez, par exemple, la Belgique, où la coopération, comme je le disais tout à l'heure, est socialiste,
vous voyez qu'elle a réuni une bien moindre proportion
de la population qu'en Suisse, qu'en Finlande, ou au Da-
nemark, où la coopération est restée neutre.

Néanmoins, il faut constater que le principe de
neutralité politique, a fléchi dans plusieurs pays et
que, même en Angleterre, malgré la résistance des vieux
Rochdaliens, les coopératives présentent aux élections
des candidats arborant la cocarde coopérative.

Le deuxième caractère que n'acceptent pas non plus
les coopérateurs de l'école de Rochdale, c'est que la
coopération soit réservée aux prolétaires, aux ouvriers.

Ceci peut se défendre au point de vue théorique, parce
qu'on peut dire : Puisque vous inscrivez dans le programme coopératiste, comme article premier, l'abolition du profit, alors il est anormal d'admettre parmi
vos membres des sociétaires qui vivent du profit. Mais
au point de vue pratique, la question n'a pas grande
importance. En fait, on ne connaît guère de coopératives
qui comptent parmi leurs membres des profiteurs ni
même des patrons employant beaucoup d'ouvriers. Ce
sont tout au plus de petits patrons ou de petits rentiers.
Et les coopératives ne peuvent pourtant pas faire un
crime à un homme de toucher quelques rentes ou d'employer quelques salariés, alors qu'elles-mêmes servent
des intérêts à leurs prêteurs et emploient des salariés
dans leurs fabriques et dans leurs magasins.

Il vaut donc mieux ne pas décréter ces exclusives qui
donnent à la coopération un caractère sectaire. Au
lieu de demander à la porte une carte de parti ou un

billet de confession, il faut inscrire pour enseigne sur la porte des coopératives, comme sur celle des bazars: Entrée libre!

Cet exclusivisme paraît fâcheux, non seulement parce que le coopératives se privent par là d'éléments très précieux pour leur prospérité, mais aussi parce qu'il est contraire à la définition même de la coopération.

Qu'est-ce, en effet, qu'une société coopérative de consommation? Ce n'est pas une organisation qui, comme le syndicat, ait pour but de libérer l'ouvrier de l'exploitation du patron; ceci regarde le syndicat. C'est une organisation qui a pour but de libérer le consommateur de l'exploitation du vendeur, du producteur. Et dès lors, qu'importe que le consommateur soit ouvrier ou non? Un millionnaire et même un milliardaire peut être exploité par le vendeur aussi bien, probablement bien plus encore, que l'ouvrier. Eh bien! en tant que consommateur il a droit de frapper à la porte de la société coopérative de consommation, quoique probablement il n'en aura cure. Le mot consommateur lui-même exclut toute distinction de classe, de sexe ou d'âge. Tout le monde est consommateur, du jour où on vient au monde jusqu'au jour où l'on rend le dernier soupir. C'est à cette foule, qui est tout le monde, que la coopération s'adresse; elle ne peut donc pas devenir un instrument de lutte de classes.

Quant au dernier caractère, répartition individuelle des bonis, l'opposition entre les deux théories est moins marquée.

Bon nombre de coopérateurs sont disposés à reconnaître — je l'ai dit moi-même bien souvent et il y a longtemps — que la répartition individuelle des bonis est empreinte, en effet, d'un certain esprit capitaliste et qu'elle a l'inconvénient de cultiver chez les coopérateurs, par l'attente des bonis, un état d'âme en contradiction avec le but même de notre programme inscrit en première ligne, l'abolition du profit.

Mais il ne faut pas s'en tenir aux considérations purement abstraites; il faut regarder les faits. Or si nous regardons l'histoire du mouvement coopératiste, on ne peut nier que ce soit précisément cette mesure opportuniste, utilitaire, de la répartition individuelle des bonis qui ait créé le mouvement coopératif et assuré son développement dans tous les pays, sans exception. Parmi les 28 pionniers de Rochdale, on a glorifié particulièrement l'un d'eux, Charles Howarth, parce qu'il a eu précisément cette idée d'attirer des sociétaires et de les retenir comme acheteurs par cette répartition de bénéfices au prorata des achats. Il y a donc une grande imprudence à vouloir supprimer ce qui a été jusqu'à présent le moteur du mouvement coopératiste. Que vienne un jour où l'on pourra s'en passer, je suis le premier à le souhaiter. Il faut espérer qu'un jour viendra où les coopérateurs seront assez entraînés pour se dire que dès lors que leur société leur a fourni des denrées de bonne qualité, au même prix que le commerçant d'à côté, ils n'ont rien de plus à demander et doivent se tenir pour satisfaits. Ce jour est déjà venu pour certaines coopératives en France qui, je dois le reconnaître et cela fait honneur aux coopérateurs socialistes, sont composées presque exclusivement d'ouvriers socialistes; par exemple, celle de Saint-Claude, dont j'ai déjà cité le nom, et quelques autres, çà et là en France. Mais bien plus nombreuses sont les coopératives qui, quoique socialistes, ont maintenu la répartition individuelle des bonis de crainte de voir déserter la plus grande partie de leurs membres et surtout les femmes! Ceux qui ont été nos maîtres dans la coopération, les Anglais, ont jusqu'à présent considéré comme utopique cette idée de supprimer les répartitions individuelles de bonis.

Il est vrai qu'il y a un grand pays, dont j'ai parlé plusieurs fois, dans lequel ces caractères de la coopération socialiste se sont réalisés, et dans lequel cependant la coopération a pris un magnifique essor : c'est la Russie. La coopération y a tous les caractères socialistes indiqués tout à l'heure.

Mais s'il n'y a pas la répartition individuelle du boni, il y a un rabais de 10 % sur le prix de vente pour tous les sociétaires, ce qui, en somme, équivaut à un boni, et même à un boni énorme, car il n'y a plus guère aujourd'hui de sociétés coopératives de consommation qui distribuent 10 % de boni.

Je doute, au reste, que cette prime puisse être maintenue. Car cette réduction n'a été possible que parce que les prix de vente sont très élevés en Russie et que les coopératives peuvent rattraper le rabais par les profits qu'elles réalisent sur la vente au public — et sur les exportations à l'étranger, car le gouvernement russe leur confère ce dernier privilège qui n'est pas peu de chose.

Ce n'est point à dire d'ailleurs que l'œuvre accomplie par la Coopération russe avant la guerre, même quand elle avait à lutter contre le gouvernement tsariste, et surtout depuis la Révolution, en s'imposant au gouvernement des soviets et en relevant l'immense empire de l'abîme, n'ait été admirable. Et si elle a pris la couleur du milieu communiste où elle était appelée à vivre, on ne peut le lui reprocher, c'est un cas de mimétisme qui se présente dans le monde social comme dans le monde zoologique. Il est naturel que la coopération porte le bonnet rouge en Russie comme la chemise noire en Italie.

TABLE DES MATIÈRES

L'Emancipatrice, 3, rue de Pondichéry, Paris — 3451-6-24.

ASSOCIATION

POUR L'ENSEIGNEMENT DE LA COOPÉRATION

Cours au Collège de France

COURS DE L'ANNÉE 1921-1922

I. — Le Juste Prix par la Coopération (7 brochures). 5 fr. 90

II. — Fourier, précurseur de la Coopération (1 vol.). 6 . »

COURS DE L'ANNÉE 1922-1923

III. — Le Profit dans les Coopératives (8 brochures). 6 90

IV. — Les Associations Coopératives de Production
(7 brochures). 7 »